Copy Na Veia

Copy Na Veia

Como se tornar um Copywriter Classe A

Natanael Oliveira

Sumário

O Conhecimento Que Vai Te Levar Para O Próximo Nível 5

Como Funciona A Mente Do Copywriter 5 Estrelas 14

O Atalho Nada Segredo Para Ativar a Mente Criativa 27

O Poder da Visualização Como Copywriter 39

    Os 2 Passos da Visualização 46

A Transformação do Texto em Lucro 58

    O Grande Segredo dos "Mestres Copywriters" 65

A Fonte Mais Lucrativa Que Existe Para Os Copywriters Nível A 74

    Encontrando o seu melhor horário. 90

    O Momento de estudar e aprender novas técnicas. 94

O Conhecimento Que Vai Te Levar Para O Próximo Nível

Eu começo as primeiras linhas desse livro explicando o título e porque ele é tão nostálgico para mim.

Eu vou te contar uma história.

Eu peço que você preste muita atenção em todos os detalhes.

Você vai entender como acontece a "criação" da mente de um copywriter.

Preparado?

Há muitos anos atrás, mais ou menos em 2009, eu tive contato com um livro chamado *Solvente nas Veias*.

Na época, eu trabalhava como impressor digital em uma empresa de comunicação visual. A minha rotina era de acompanhar as impressões de uma máquina de grande porta.

Adesivos, fachadas, essa era a minha rotina. Quando eu fui contratado como estagiário, a minha missão era muito simples: Acompanhar a impressão.

Eu lembro que um dos donos da empresa, disse o seguinte: A sua missão é "vigiar" a máquina. Ela faz todo o restante.

E de fato, a máquina era uma maravilha. O meu trabalho era fazer limpezas, trocar os materiais, e obviamente, clicar em enviar para impressão.

Eu lembro da minha expectativa sempre que eu clicava em "enviar para a impressão".

Por que?

Se eu tivesse feito qualquer configuração errada, significava perder material de impressão e tempo.

Um belo dia, a máquina não funcionou. Parou. Simplesmente não rodava mais nada.

Um caos.

Depois de tentarmos todos os procedimentos básicos, decidiram chamar um técnico.

Ele não morava em Fortaleza, tiveram que trazer ele de fora do estado, não lembro bem de onde.

Aquilo já me deixou impressionado. Eu pensei:

Uau! Como deve ser algo incrível, você ser tão valioso assim pelo seu conhecimento.

Ele veio, depois de pouco mais de duas horas a máquina voltou a funcionar. Troquei poucas palavras com ele.

Alguns meses depois, uma outra máquina deu problema, e mais uma vez, ele voltou.

Mas dessa vez, aconteceu algo diferente.

O dono da empresa estava conversando com a gerente do meu setor, e ele perguntou: Vamos precisar chamar o técnico?

Ela disse: Sim, fizemos tudo o que sabíamos, mas nada.

Ele disse: É! Vamos precisar pagar os R$1.500 hora.

Quando eu ouvi essa parte da conversa, eu pensei:

Uau! O cara ganha R$1.500 por hora. UAU!

Quando o técnico chegava, ele era tratado como uma autoridade. Todos paravam para ouvir o que ele tinha a dizer, as suas recomendações.

A minha gerente levava ele para almoçar, tudo por conta da empresa. Levavam ele para o hotel.

Dessa vez, eu tive a oportunidade de conversar com ele um pouco mais. Perguntei a história dele, como ele começou, quanto tempo demorou para aprender tudo.

Eu sabia que eu queria ter aquela habilidade. Foi quando ele me recomendou ler o livro *Solvente nas Veias*.

Foi ali que eu comecei uma intensa jornada de estudos sobre o mundo da impressão digital. Em poucas semanas eu já tinha um conhecimento muito acima da média.

Alguns meses depois, ele voltou para ajudar na instalação de uma nova máquina. Ele iria criar os perfis para impressão.

Basicamente era uma leitura do material, para saber exatamente qual a quantidade de tinta ideal colocar, qual o tom do branco para o melhor contraste, etc.

Eu comentei que tinha lido o livro, que estava estudando e falei sobre a minha jornada.

Ele olhou para mim e falou:

- *Você quer que eu te ensine a fazer esses perfis?*

- *Claro! Você me ensinaria?*

- *Sim! Claro...*

Eu fiquei muito feliz. Mas eu fiquei preocupado, porque eu sabia o valor dele por hora, e eu não podia atrapalhar o trabalho dele.

Sutilmente eu falei: Eu só não posso te atrapalhar durante o seu trabalho, sei que a sua hora é muito valiosa.

Ele entendeu o que eu tinha dito e falou: Quando eu terminar tudo, eu te explico o processo.

- Muito obrigado! Eu falei algumas vezes. Resumindo a história.

Ele me ensinou como usar a máquina, a criar as configurações e foi embora.

Alguns dias depois, a empresa comprou uma lona nova, com uma tonalidade de branco diferente.

A impressão não ficava igual ao arquivo, e foi quando falaram: Precisamos criar um perfil novo para essa impressão.

Eu com muito medo falei:

- *Eu aprendi a criar.*

A minha gerente olhou e disse:

- *Você tem certeza de que aprendeu?*

- *Sim! Tenho certeza.*

E então eu fui e criei o primeiro de muitos. O procedimento deu 100% certo. Ali, eu consegui me tornar muito mais valioso.

Eu comecei a dominar tanto os processos das máquinas, que algumas vezes, durante finais de semana, eu era chamado para olhar a máquina.

Mas eu também tinha descoberto uma outra paixão que era as vendas. E essa paixão, também pagava ainda melhor.

Não era por hora, mas por venda.

Eu comecei a ser chamado para participar de reuniões com os vendedores da empresa.

Por que?

Simplesmente porque eu tinha muito conhecimento sobre todo o processo de impressão.

Eu sabia explicar a diferença entre os materiais, justificar as melhores decisões de cores, etc.

Em um episódio específico, o cliente reprovou um material e eu fui chamado para explicar o que tinha acontecido e o que era necessário para chegar no tom certo.

Eu sabia explicar a questão dos pontos por impressão, durabilidade da impressão, enfim...eu me aprofundei em todos os detalhes.

Eu realmente estava com Solvente nas Veias.

E nas minhas roupas também. Eu voltava para casa com toda a minha roupa cheirando a solvente.

Foi quando eu decidi ir para as ruas de Fortaleza começa a vender por conta própria. E foi nesse momento que eu percebi que o meu conhecimento TÉCNICO, não tinha muita utilidade.

O cliente ANTES de fechar, não tinha muito interesse nessa parte.

Eu estava acostumado a conversar com empresários que já tinham contratado o serviço. Mas nunca tinha conversado com aqueles que ainda não tinham comprado.

Foi quando eu tive que desenvolver uma outra habilidade, puramente comercial.

E é aqui que entra o maior momento de virada na minha vida profissional.

Eu passei quatro anos da minha vida batendo de porta em porta. Vendendo desde banners, adesivos, placas, e depois os planos telefônicos, até começar a vender marketing digital.

E depois de começar a minha agência, eu ajudei a vender os mais variados tipos de produtos e serviços.

Mas a origem de tudo isso, foi o desejo ardente por ter um conhecimento que pudesse ser extremamente valorizado e que gerasse resultados.

Foi exatamente por isso que eu decidi chamar esse livro de Copy Na Veia...

Uma clara homenagem aos meus bons tempos como impressor digital.

O que mudou **totalmente** o meu status profissional na época, foi a **busca por um conhecimento** que pudesse gerar uma **vantagem** absurda.

E esse é o mesmo sentimento que eu tenho com relação ao Copywriting.

Esse foi o conhecimento que simplesmente abriu todas as portas, acelerou todos os meus resultados e me levou para um nível que eu jamais poderia imaginar.

Agora que você entendeu um pouco dessa jornada, o meu objetivo nos próximos capítulos envolve te explicar como criar essa mente como copywriter.

Como criar ideias, como treinar a sua mente para criar, como otimizar a sua rotina. O meu objetivo é encurtar o seu caminho de aprendizado.

Eu quero fazer por você o que o técnico fez por mim. O nome dele é Marcos.

Não lembro o sobrenome dele. Nunca mais consegui o encontrar.

Espero um dia encontrar ele novamente e agradecer por aquele direcionamento.

Eu espero que muito em breve, eu receba uma mensagem sua dizendo: Natanael...o livro abriu a minha mente...agora eu consigo ter resultados muito maiores.

Preparado? Então vamos lá.

Como Funciona A Mente Do Copywriter 5 Estrelas

A maior diferença entre um copywriter que tem resultados acima da média é o mesmo: A Maneira como eles pensam.

O que você precisa entender é simples, porém, nem sempre é fácil de colocar na sua rotina.

> *Como Copywriter, você não precisa obrigatoriamente "criar" uma carta de vendas.*

O segredo que eu aprendi é:

Você precisa aprender a "organizar" as informações.

Eu vou tentar explicar isso melhor.

A maioria das pessoas passam a maior parte do tempo quebrando a cabeça para criar algo. Quando na verdade, você precisa dedicar a maior parte do seu tempo observando o que já existe.

Eu gosto de dizer que na copy é: 99% contexto(pesquisa) e 1% criatividade.

A sua primeira missão como copywriter consiste em descobrir primeiro, descrever depois, afirmar logo na sequência.

Vamos entender isso na prática:

1. Descobrir o que já está na mente do seu público.
2. Descrever melhor do que ele mesmo
3. Criar afirmações sobre o próximo passo (solução)

O grande problema da maioria dos copywriters iniciantes é que eles começam o processo exatamente o contrário.

Ou seja, eles tentam na "adivinhação", criar afirmações que o público possa "comprar".

E é por isso que muitas vezes as Headlines se resumem em afirmações genéricas, sem graça, etc.

O segundo ponto que mata a maioria das cartas de vendas é que a Headline não é sustentada pelo restante da copy.

Muitas vezes é uma headline altamente exagerada, que depois segue um texto pobre, sem graça.

Isso é típico de um copywriter que não fez o dever de cada de descobrir primeiro, descrever depois, para somente então, iniciar as afirmações.

Felizmente, é exatamente isso que eu vou te ensinar nas próximas linhas.

Como treinar a sua mente para descobrir, como preparar a sua mente para escrever da maneira mais rápida e eficiente possível.

Então vamos lá.

Eu acabei de descrever as 3 fases para começar a treinar a sua mente como copywriter.

1. Descobrir
2. Descrever
3. Afirmar

Essa é a fase da preparação. Depois disso, você irá precisar desenvolver outras 3 habilidades:

4. Contextualizar
5. Dramatizar
6. Motivar

Mas esse é um assunto para o próximo capítulo.

O que eu quero que você entenda agora é bem simples, mas você precisa prestar muita atenção para não se confundir. Combinado?

A ordem certa é:

1. Descobrir
2. Descrever
3. Afirmar

Mas para você fazer qualquer tipo de descoberta, é preciso ativar duas coisas importantes.

A sua habilidade de observação;
A sua habilidade de criar uma hipótese.

Toda descoberta é uma busca para comprovar determinada hipótese.

Grave isso com muita atenção.

O ponto de partida do desenvolvimento da sua copy **sempre será uma busca ativa para comprovar uma hipótese**.

Exemplo: Quando eu fui escrever a carta de vendas do Clube dos Produtores em maio de 2018, eu tinha um novo desafio que era chamar a atenção dos produtores digitais.

Até aquele momento, a maior parte das minhas ofertas envolviam atrair consultores e donos de agências.

Os empresários eu sempre vendia Mentorias e grupos de negócios. Seria o primeiro momento para vender um produto digital com entrega 100% online.

Foi quando eu precisava colocar em prática o que eu estou te ensinando agora.

1. Descobrir
2. Descrever
3. Afirmar

E obviamente, eu precisava de uma hipótese. Então a minha linha inicial de raciocínio foi:

Quais os maiores desafios dos produtores digitais hoje em dia?

Quais as maiores oportunidades escondidas que eles não conhecem?

Repare no elemento: Maiores.

Eu tenho como ter certeza de que esse de fato é o maior problema ou a maior oportunidade?

Não, porém eu precisava de um ponto de partida. E esse ponto de partida me gera uma reflexão profunda.

E é exatamente essa reflexão profunda que muitos copywriters não fazem a mínima ideia de como fazer.

Na prática, é um simples exercício de reflexão e questionamentos.

Eu comecei a pensar: Se eu fosse começar hoje, quais os erros eu evitaria?

Quais os problemas as pessoas enfrentam hoje? Quais obstáculos têm desmotivado os produtores?

Eu vou jogando várias e várias perguntas, refletindo sobre cada uma delas, e fazendo as minhas primeiras anotações.

O exercício de atenção plena e uma reflexão profunda em determinadas perguntas, irão obrigar o seu cérebro a gerar inúmeras hipóteses e respostas.

Chegou um momento que na minha mente veio:

As pessoas acham que só se ganha dinheiro como produtor se for muito famoso(a).

E na sequência, veio outro pensamento que foi a seguinte argumentação:

O que significa ganhar dinheiro como produtor?

Ganhar R$10.000 não significa ganhar dinheiro? Só vale se fizer R$100.000?

Pronto! Eu tinha duas linhas iniciais.

Como criar e vender produtos digitais mesmo sem ser conhecido. **E eu tinha o argumento que R$10.000 era dinheiro e também era algo bom.**

Eu comecei a criar o argumento que: Se você começar a ganhar R$10.000 por mês com um primeiro produto, já é algo maravilhoso.

Depois você cria um segundo, terceiro, e aos poucos você continua crescendo.

Bingo!

Agora eu já tinha descoberto informações importantes sobre os sentimentos do meu público (hipótese).

Agora eu precisava descrever essa situação, e eu precisava fazer uma afirmação: R$10.000 continua sendo R$10.000 (Ou você virou o Bill Gates).

A minha Copy estava encaminhada.

Repare que todo esse planejamento eu não preciso fazer sentado digitando. Eu posso simplesmente parar e refletir sobre o assunto.

Ou, você pode conversar com alguém. Você pode simplesmente argumentar com outra pessoa ou pedir para que alguém lhe faça uma "entrevista".

O MAIS IMPORTANTE É ATIVAR A SUA MENTE PARA REFLETIR ANTES DE TENTAR CRIAR.

Essa é a ordem mais poderosa de todas.

- Você reflete.

- A sua mente procura informações e respostas.

- Você organiza as informações dentro de uma estrutura de copy.

É por isso que eu defendo que copy é muito mais organizar informações do que propriamente criar algo.

Significa você olhar um cenário velho e fazer uma leitura nova e diferente.

> *"Copy é muito mais organizar informações do que propriamente criar algo."*

É importante ressaltar que o meu objetivo com esse livro não é aprofundar em estruturas de copy.

O meu foco é te ensinar os bastidores da ativação e treino mental. Eu não vou aprofundar nos exemplos de cada elemento para não te tirar do foco principal.

Porém, caso você queira se aprofundar em termos de estruturas e templates, eu recomendo duas leituras.

- Não me faça dormir
- Agência de Copy

Nesses dois livros eu falo sobre estrutura de copy, templates e processos.

Antes de avançar para as próximas três etapas, eu preciso te explicar um outro elemento que será extremamente importante na sua jornada como copywriter.

Eu chamo isso do **Poder do Segundo Pensamento**.

Talvez, isso possa virar um livro mais para frente

Mas vamos entender uma visão geral sobre o Segundo Pensamento.

Eu sou formado em publicidade e propaganda e durante toda a faculdade, eu tive a oportunidade de abrir a minha mente para o que eu chamo do "Poder do O Todo".

Um pouco depois de me formar, eu conheci o conceito de visão holística, que trata exatamente da habilidade de uma visão completa sobre determinado assunto.

Na época do SEO, eu estudei muito esse conceito.

Eu lembro que no primeiro semestre de faculdade, quando todos estavam esperando aprender sobre como criar anúncios para TV, rádio, etc....

Nós tínhamos aulas sobre Antropologia, Sociologia, Filosofia, História da Arte, Teoria da Comunicação.

O que na época, muitos achavam que era uma total perda de tempo, por sorte, eu **consegui identificar muito cedo que aquilo era o mapa da mina.**

Eu comecei a entender que para montar qualquer propaganda, o entendimento maior de um publicitário precisava ser sobre o ser humano.

Eu fiquei tão fascinado com aquelas matérias que eu não conseguia parar de estudar aqueles assuntos, mesmo depois de avançar nos semestres.

Psicologia na comunicação foi uma das matérias mais fascinantes para mim.

Quando eu aprendi sobre Gestalt, Behaviorismo, condicionamento positivo e negativo.

UAUUU!

Felizmente, quando eu comecei a estudar Copywriting, eu sabia que era necessário repetir o mesmo processo.

Eu não podia ficar limitado apenas as técnicas. Era necessário uma visão do O Todo.

E foi nessa jornada que eu descobri o que eu chamo do Poder do Segundo Pensamento.

O que ele significa na prática?

O segundo pensamento é o que nós chamamos de "divagar".

Aquilo que você começa a pensar quando deveria estar prestando atenção em outra coisa.

Exemplo: Você está assistindo uma palestra, e de repente, começa a "viajar" pensando em outra coisa.

Ou, você está conversando com alguém, e de repente, começa a pensar em outra coisa. Quando você volta, pede para a pessoa repetir: O que você disse?

O segundo pensamento quando não tem nenhuma relação com o que está sendo dito no "primeiro canal de comunicação", é algo que atrapalha quem está falando.

Exemplo: Você está falando sobre a importância do suco verde. E a pessoa está pensando sobre: Quanto será que está o jogo do Brasil?

Mas, se você conseguir que o segundo pensamento fique dentro da mesma categoria do que você está falando... **Bingo**!

O segundo pensamento é criado a partir do que eu chamo de Ativação de Resposta Mental.

Eu vou devagar para não confundir a sua cabeça. Porém, o que eu estou fazendo nesse texto é **exatamente** o que "ativa" a resposta mental.

É provável que você tenha parado o texto e falado:

- Peraí!!!! Deixa eu ler isso aqui de novo para ver se eu entendi...

Isso já é o segundo pensamento em ação

Eu vou buscar dar um outro exemplo mais prático e fora do contexto de copy.

Jesus Cristo era o Mestre no uso da Ativação de Resposta Mental.

Exemplo: *E qual o pai de entre vós que, se o filho lhe pedir pão, lhe dará uma pedra? Ou, também, se lhe pedir peixe, lhe dará por peixe uma serpente?* Lucas 11:11

Quando Jesus fala: Qual o pai que o filho pedindo pedir pão, lhe dará uma pedra? Ou pedir peixe lhe dará uma serpente?

É impossível não pensar no pão, pedra, peixe e serpente nesse contexto.

Ou seja, ativou uma resposta mental através de um comando verbal.

Repare nos versos seguintes: *Ou, também, se lhe pedir um ovo, lhe dará um escorpião?*

Pois se vós, sendo maus, sabeis dar boas dádivas aos vossos filhos, quanto mais dará o Pai celestial o Espírito Santo àqueles que lhe pedirem? Lucas 11:12,13

Existem vários e vários trechos que seguem esse padrão.

1. Ativação de resposta mental
2. Afirmação

As parábolas de Jesus seguem esse padrão perfeito. Um dia eu penso em escrever um livro chamado: Jesus, O Maior Copywriter Que Já Existiu...(risos).

O ponto-chave é:

Se você conseguir fazer com que o seu público pare e PENSE acerca do que você está falando, e não apenas te escute, BINGO!

A sua copy precisa fazer o seu público gerar um segundo pensamento, mesmo que no primeiro momento seja:

Uau! Nunca tinha parado para pensar nisso.

O Poder do Segundo Pensamento é um dos conceitos mais poderosos de Copy que a maioria das pessoas não conhecem.

Lembre-se: O seu objetivo não é que o seu público decore a sua copy. Você precisa que sentimentos geram gerados durante a apresentação da sua copy.

O seu público irá esquecer boa parte da sua copy, porém, se você conseguir ativar o segundo pensamento, é exatamente nesse momento que a "copy gruda".

Se eu consegui te fazer pensar durante as últimas linhas...Bingo!

Agora sim, estamos prontos para o próximo capítulo.

O Atalho Nada Segredo Para Ativar a Mente Criativa

Lembrar de algo é a maneira mais rápida e fácil para criar qualquer coisa.

Tente lembrar de alguma história da sua infância. A mais antiga que você conseguir.

Se você pudesse entrar em uma máquina do tempo e voltar exatamente nesse dia e hora, e tivesse a chance de reviver essa chance, você teria uma bela surpresa.

Você irá reparar que aquela história que você lembra vivamente, não aconteceu exatamente como você lembra.

Alguns detalhes podem ter acontecido de maneira diferente. Em outros casos, muita coisa pode ter acontecido de maneira diferente.

Mas na prática, isso não importa muito, pois é o que a sua mente lembra, que na prática, é o que você acredita que aconteceu.

Experimente relembrar alguma história com os seus pais. Você irá perceber que algumas histórias eles simplesmente não lembram e outras você não faz ideia do que eles estão falando.

A nossa memória pode pregar várias peças.

Por que?

A memória de longo prazo quando ativada, quase que ao mesmo tempo, também ativa a nossa capacidade única da imaginação.

E a imaginação tem total ligação com a nossa capacidade de criar.

Se eu pedir que você imagine algo, nesse exato momento, você está criando algo.

Quando eu peço para que você lembre de algo, nesse exato momento, você está puxando uma memória, porém, possivelmente você também irá imaginar/criar ao mesmo tempo.

Na ausência de uma memória consolidada, o nosso cérebro imagina e cria algo. Principalmente quando estamos falando do nosso nível consciente.

Em um trabalho mais profundo de ativar memórias do passado, muito provavelmente você será capaz de acessar com mais clareza essas lembranças.

Mas isso é outro assunto.

O que eu quero que você entenda na prática é que **existe um atalho altamente poderoso para você ativar a sua mente criativa como copywriter.**

Esse atalho é a MEMÓRIA.

Se você prestou atenção no primeiro capítulo desse livro eu comecei com uma história.

A história para o leitor, ativa a **ARM** (Ativação de resposta mental).

Eu te faço imaginar tudo o que eu estou te contando.

A sua mente é ativada a imaginar/criar tudo aquilo que está sendo descrito. Em outras palavras, eu estou aquecendo a sua mente para a leitura.

Eu te preparei para consumir o conteúdo. A sua mente foi sendo conduzida progressivamente para cada parte da história.

Para quem escreve, contar uma história é a maneira mais poderosa de aquecer e ativar a mente criativa.

Quando eu paro para lembrar de algo e começo a digitar aquilo que eu estou lembrando, quase que sem perceber, a minha mente começa a criar.

Na próxima vez que você for começar a escrever uma carta de vendas, mesmo que você não use a história, experimente começar assim:

Deixa eu te contar uma rápida história...

E comece a contar a história...comece a lembrar os fatos, comece a descrever o que aconteceu e termine a história com uma reflexão final.

Mais uma vez, mesmo que você delete essa história da sua copy, ao final da narrativa, a sua mente estará 10x mais aquecida para começar a criar.

Primeiro porque você não sofre para contar uma história que você irá apenas lembrar...

Segundo porque você está escrevendo sem obrigatoriamente ter o "peso" que a copy já começou.

Lembra que estamos falando sobre aquecer a mente.

Eu vou contar como eu faço isso quando estou ajudando outros clientes.

Recentemente eu ajudei a criar uma copy para o nicho de emagrecimento.

Eu pedi para ela me contar alguma história de uma aluna. Alguma história que tenha feito ela se emocionar, sentir que estava fazendo algo bom para os alunos, etc.

E ela me contou a história de uma aluna que a encontrou no aeroporto, pediu para bater uma foto e começou a chorar.

Ela sem entender o que estava acontecendo, perguntou o que tinha acontecido.

A moça falou que desde a lua de mel só tinha engordado e nunca mais tinha ido para a praia se sentindo bem.

E que depois que fez o programa, depois de 10 anos, ela ia viajar novamente para curtir a praia...

Pois bem. Essa história era tudo o que eu precisava para começar a aquecer a minha mente para aquela copy.

O começo ficou mais ou menos assim:

O Ticket Mais Valioso da Sua Vida...Está Nas Suas Mãos...

Eu não sei exatamente o que você vê quando se olha no espelho.

Não sei o que você não gosta. O que você te incomoda.

Também não sei o que passa na sua cabeça quando você sobe na balança.

Também não faço ideia do que você faria se hoje estivesse com o seu peso e corpo dos sonhos. Isso realmente não dá para saber.

Mas eu vou te contar uma história, que me fez entender os bastidores de uma das minhas alunas, que teve um dos resultados mais impressionantes que eu já vi nos últimos meses.

Foi mais ou menos assim...

Eu estava no aeroporto...

E comecei a contar a história...

Repare que eu não cheguei a iniciar a história propriamente dita.

Mas o simples fato de SABER que existe uma história a ser contada, eu consigo criar uma ANTECIPAÇÃO a tudo o que eu quero dizer sobre essa história.

Eu consigo direcionar todo o meu discurso, todos os ganchos, já preparando o público para receber aquela história.

Eu não precisei fazer um grande esforço de criação. Eu criei com base na HISTÓRIA.

Em outras palavras, eu usei a MEMÓRIA para ativar a minha IMAGINAÇÃO.

Agora vem uma informação importante.

E se você não tem uma história como essa? Você simplesmente IMAGINA...começa a pensar em alguma situação, algo que poderia ter acontecido.

Lembre-se que **o objetivo em si não é ter uma boa história para contar**. O que você quer é um ponto de partida.

Esse ponto de partida é a conexão entre recordação + imaginação.

O que você precisa fazer para começar a ativar a sua mente criativa é simplesmente ficar se perguntando:

1. Aconteceu alguma coisa que me marcou sobre esse assunto?

2. Teve algo que eu já ouvi a respeito?

3. Tem alguma história parecida com essa?

O mais importante não é encontrar obrigatoriamente a resposta nesse exato momento.

Mas ativar o seu cérebro na busca por respostas. Da mesma maneira que você começa a encontrar carros vermelhos, se você pensar em carros vermelhos.

Se você ativa perguntas na sua mente, inevitavelmente elas irão começar a aparecer, ou você irá simplesmente prestar mais atenção.

Quando eu fui começar a escrever esse livro, eu não tive muito esforço. O conteúdo simplesmente apareceu na minha mente...capítulo por capítulo.

Eu só precisei ativar uma pergunta na minha mente: Como eu faço para escrever? O que me ajuda a escrever tão rápido?

Qual foi o momento que eu decidi me tornar um copywriter acima da média?

O que eu encontrei de padrão nos bons copywriters?

O que eu poderia ensinar de uma maneira rápida e poderosa alguém que não tem tanta experiência?

O que eu posso resumir dos meus últimos 7 anos estudando copy?

Eu não precisei escrever uma resposta para cada pergunta. Eu simplesmente deixei a minha mente fazer todo o trabalho duro.

Uma ideia surgia. Eu me concentrava na ideia, elaborava mais sobre aquele pensamento e salvava.

Aqui tem um detalhe importante. Hoje eu não preciso mais anotar. Mas no começo eu anotava.

Eu tinha uma ideia, anotava no bloco de notas do celular e depois usava.

Mas com o tempo, você quer acostumar a sua mente a lembrar do que você cria e imagina.

Em muitos casos você vai perder aquele pensamento, mas quando você menos perceber, ele irá voltar.

Eu lembro de anotar no box do banheiro. Sair correndo para anotar um gancho, uma frase.

Mas com o tempo, a sua mente fica afiada e dificilmente você irá esquecer.

Hoje eu consigo lembrar parágrafos inteiros, sem tirar uma palavra.

E é exatamente isso que eu quero que você comece a fazer a partir de agora.

1. Antes de escrever, comece a lembrar de histórias.

Mais uma vez, eu não quero que você escreva nada.

Apenas crie o hábito de imaginar, pensar sobre histórias, cenas, etc.

Você precisa que o seu pensamento seja forte o suficiente para superar o barulho do dia a dia.

Exemplo: Imagine que você está em um local com várias pessoas conversando ao seu lado, ou algum tipo de ruído.

Se concentre em um pensamento, crie algo com a sua mente, e tente que a imaginação supere o que você está ouvindo ao seu redor.

É uma atividade extremamente difícil, principalmente se você for uma pessoa muito auditiva (que é o meu caso).

Mas lembre-se que isso é um treino. Em outras palavras, um treino mental.

Se você pratica exercícios físicos, um bom teste é você se imaginar treinando.

Exemplo: Se você corre. Se imagine correndo na rua. Se concentre em lembrar de algum percurso que você está acostumado a fazer, e vá refazendo todo o percurso.

Eu corro ao redor do bairro. A minha mente já registrou tudo. Eu posso facilmente me imaginar saindo de casa, aquecendo e começando a correr ao redor do bairro.

Um outro exercício que você pode fazer. Tente lembrar ruas da sua cidade.

Imagine que você está saindo da sua casa, e você vai fazer o caminho da sua casa até um determinado endereço, exemplo: Centro da cidade.

Eu sei que parece um pouco de "viagem". Mas eu prometi que ia contar todos os segredos que eu aprendi.

Essa técnica eu aprendi há muitos anos. Einstein usava, Tesla também usava.

Criar na mente primeiro. Mas para começar a criar na mente, você precisa treinar.

Você precisa entender que na época deles, existia uma quantidade menor de ruídos. Uma quantidade menor de informações a serem processadas.

Hoje o nosso desafio é muito maior.

Enquanto eu estou escrevendo esse capítulo, ao meu lado, a minha esposa está conversando, fazendo uma reunião.

A minha filha está gritando: Pato Pateta! Eu consigo ouvir um barulho de obra bem distante...

O barulho de carros passando. Agora a Iaponira começou a contar para a Nadja detalhes da reunião que ela fez.

Inevitavelmente, uma parte da minha mente está prestando atenção, e outra parte está escrevendo.

Agora a Nadja acabou de falar o que vai fazer para o almoço.

Percebe o quanto se passa na nossa mente ao mesmo tempo?

Mas eu consigo (por conta do treino), me concentrar fortemente no texto e ignorar o ruído externo.

Essa é a mente criativa em ação, ela cria, independente do que esteja acontecendo ao seu redor.

Mais uma vez, eu já estou muito treinado. É provável que você sinta grandes dificuldades, o que é normal.

Hora da prática

Muito bem. Acredito que agora você tem muito a refletir, treinar e praticar, certo?

Experimente colocar essa técnica em prática o mais rápido possível.

A mente criativa é ativada por suas memórias e a sua capacidade de imaginar.

Você pode começar fazendo isso com outras atividades, antes de começar a escrever mentalmente.

Lembrando que você não precisa escrever palavra por palavra na sua mente. Você apenas reflete de maneira profunda sobre o que será dito.

O texto em si, irá fluir no momento de escrever. O mais importante é que a sua mente esteja treinada para lembrar, refletir, imaginar e criar.

Vamos falar mais sobre esse processo no próximo capítulo.

O Poder da Visualização Como Copywriter

Se você está seguindo todas as recomendações até agora, nesse momento você já está experimentando o que eu chamo do Fluxo de Ativação da Criatividade.

Em outras palavras, você não precisa ficar esperando uma "inspiração para começar a escrever.

Propositalmente você será capaz de iniciar um processo intenso de criação.

O meu grande objetivo é te guiar nessa jornada de ativação imediata. Com isso em mãos, ou melhor, na sua mente, a sua jornada como copywriter será muito mais **fácil e lucrativa.**

Eu quero te apresentar um novo conceito, talvez, o mais importante de todos até aqui.

Eu chamo isso do **Poder da Visualização.**

A ideia central consiste em desenvolver uma habilidade descritiva em todas as áreas da argumentação. Ou seja, emocional e racional.

Você irá entender isso nos detalhes em alguns instantes.

Vamos começar pelo processo para o desenvolvimento da visualização.

Você deve lembrar das aulas de português na escola, certo? Lembra aquela aula de interpretação de texto?

Essa era uma das aulas mais importantes para o desenvolvimento de copywriters.

Você conseguir ler um texto e de fato entender o que está acontecendo ou o que está sendo dito, é o que ativa o poder da visualização.

A maioria de nós desenvolve a visão errada que nós precisamos primeiro entender algo para depois conseguir visualizar na sua totalidade.

Mas na prática, isso é totalmente diferente.

Infelizmente, com o passar do tempo, nós perdemos a habilidade de observação.

Esse é um truque do nosso cérebro para economizar energia, que apesar dos benefícios em termos de gestão de energia mental, acaba tirando o nosso poder de observação.

O nosso cérebro exige muita energia do nosso corpo.

Pensar cansa. Mas isso você já sabe.

É por isso que o nosso cérebro busca registrar informações para que não seja mais necessário prestar tanta atenção.

Isso acontece desde os nossos primeiros dias de vida.

Quando a minha filha Melissa nasceu, estudando sobre o comportamento dos bebês, eu descobri algo muito importante.

Eu descobri que nos primeiros meses de vida, a simples mudança de um ambiente da casa para o outro, ativa a mente do bebê.

Quando o bebê passa muito tempo no mesmo ambiente, ele registra aquele ambiente.

Quando você sai do quarto e vai para a varanda, por exemplo, se esse não for um ambiente que ele esteja acostumado, essa ativação já acontece.

Eu aprendi isso como uma técnica para colocar a minha filha para dormir nos primeiros meses de vida.

A minha meta era permitir que ela tivesse contato com vários ambientes novos. Eu levava ela para dar voltas, apresentava as flores, plantas, céu, tudo o que eu podia.

O cérebro dela precisava registrar aquilo intensamente.

Isso gerava um cansaço que naturalmente gerava sono.

Interessante, certo? Pois é.

Como ativar novamente a visualização?

O maior inimigo do copywriter é o pensamento automático. Ele é raso, não reflete, apenas responde a estímulos.

Se você parar agora, onde você estiver, e começar a observar todos os detalhes das coisas que estão a sua volta, e prestar muita atenção nos detalhes, isso já é o suficiente para ativar o seu fluxo mental.

Exemplo: Imagine que tenha alguma foto no seu escritório. Pare e comece a olhar para a foto. Se esforce para lembrar detalhes do dia da foto. O que você fez antes da foto, o que você fez depois.

Como você estava se sentindo na época dessa foto. O que você faria de diferente nesse dia da foto?

Repare que a partir de uma observação, você iniciou uma conversa mental.

Nesse exato momento, o nosso cérebro entende que aquela foto é algo importante nesse momento, e começa a procurar conexões neurais similares.

Lembra do jogo dos 7 erros? Você fica ativo procurando algo, e em alguns momentos parece que você fica cego para as diferenças?

Isso acontece porque a mente já tinha feito um registro anterior, e dificilmente sem uma quebra de padrão, você conseguirá visualizar de maneira diferente.

É por isso que a visualização é um treino avançado da imaginação na hora de escrever.

Ufa! Esse assunto é intenso, certo?

Mas fica tranquilo, vai ficar cada vez mais simples.

Quando você for começar a escrever uma nova carta de vendas, uma das primeiras fases envolve a criação de uma promessa.

A Criação de uma promessa é crucial para desenvolver a sua habilidade de visualização.

Imagine que você irá escrever uma carta de vendas para um produto de emagrecimento. E na sua promessa, envolve a visão de perder 5k em 30 dias, com exercícios de apenas 15 minutos por dia.

Como você faria para o seu público visualizar essa promessa? O que você quer que ele veja?

E é aqui que entra o segredo.

Você precisa descrever o que você está vendo primeiro.

Deixa eu simplificar isso na prática.

5kg em 30 dias.

Isso não gera uma imagem mental.

Pelo menos, não a melhor de todas.

Agora imagine esse texto:

Eu não sei o que acontece quando você sobe em uma balança. Não sei até onde o ponteiro vai.
Não sei se passa muito do peso que você deseja. Não se apenas alguns quilos. Eu não faço ideia.

Mas provavelmente você já tentou fazer algo que não deu certo.

Você subiu na balança esperando ver algo de diferente e nada aconteceu.

Por que?

O que deu errado? Ficar sem resposta é frustrante.

O que eu vou te explicar pode mudar um pouco essa história. Pelo menos nos primeiros 30 dias.

Você reparou que a todo momento eu me concentrei em **criar imagens mentais**? Eu tentei fazer com que o leitor visualizasse e pensasse a respeito.

Mais do que isso, eu tentei fazer com que houvesse sentimento.

Quando eu crio um texto como esse, na prática, eu estou descrevendo algo que eu estou vendo.

Eu paro e começo a visualizar determinada situação. Eu vejo os detalhes e depois eu descrevo.

Esse é um segundo passo após trabalhar a sua imaginação. Porque nesse momento você está tentando criar uma espécie de filme na mente do seu público.

Mas lembre-se: Não obrigatoriamente você quer descrever essa situação na sua carta de vendas. O objetivo é te colocar no estado mental de escrita correto.

Você precisa "sair" do seu ambiente atual, e entrar nesse universo paralelo que você está visualizando.

Eu sei que isso parece uma grande viagem. Mas é o que mais funciona.

A nossa mente é incrível quando sabemos fazer esse tipo de ativação da maneira correta.

Da mesma maneira que um copo de café pode gerar o efeito de "estou ligado". Esse tipo de exercício coloca a sua mente em um fluxo intenso de criação.

Os 2 Passos da Visualização

O segredo da visualização consiste em **apresentar para o seu público duas experiências diferentes**.

A primeira envolve a descrição do cenário atual, com todos os seus desafios, problemas e frustrações.

O segundo envolve uma nova realidade, diferente e com os problemas resolvidos.

A visualização é a ponte entre esses dois cenários. Em um filme, esse seria o chamado segundo ato.

Repare que todos os filmes começam mais ou menos nesse padrão.

Primeiro você tem a apresentação dos personagens. A cidade, a família, os amigos.

No segundo momento, você tem a vida "ordinária". Os problemas, as frustrações, a rotina que não é tão feliz assim.

Até que chega o momento do PONTO da virada. Esse ponto da virada dá início a uma jornada, que leva até uma nova realidade ao final do filme.

O ponto de virada em uma copy é exatamente a sua habilidade de ativar a visualização no seu público.

É o momento de apresentar algum elemento que mostre a origem de uma mudança.

Por exemplo: Certa vez eu estava em uma farmácia nos EUA e perguntei por um produto. A moça falou...

- Está ali!
Eu disse:
- Onde?
- Ali
- Ali onde?

Ela se levantou, deu alguns passos e pegou o produto. Eu simplesmente não conseguia enxergar.

Mas eu acho que isso é um problema masculino. A minha esposa Iaponira diz que eu não acho nada. (risos)

A minha mãe falava:
- Está na gaveta.
- Mãe! Não está aqui...
Ela dizia: Se eu achar...vou esfregar na sua cara.
Ela sempre achava. (risos)

O ponto-chave desse capítulo é muito simples:
Você já consegue enxergar, o seu público ainda não.

Você precisa parar e fazer com que ele possa visualizar algo.

Mas para isso, você como copywriter precisa ter uma visualização altamente aguçada.

Ou seja: **Primeiro você precisa descrever a situação do público e depois, gradativamente, você vai apresentando a solução.**

E **por último**, você faz as suas promessas.

Exemplo: Depois que você aprende isso, NUNCA mais você irá sofrer com XYZ.

Eu fiz isso com você agora

Eu preparei esse capítulo com vários elementos de visualização.

Repare que eu comecei fazendo uma promessa específica. Eu vou te ensinar o poder da visualização, o que talvez, seja a técnica mais importante.

Depois eu apresentei elementos para te preparar para a argumentação central:

O meu grande objetivo é te guiar nessa jornada de ativação imediata. Com isso em mãos, ou melhor, na sua mente, a sua jornada como copywriter será muito mais fácil e lucrativa.

Eu quero te apresentar um novo conceito, talvez, o mais importante de todos até aqui.

Eu chamo isso do Poder da Visualização.

A ideia central consiste em desenvolver uma habilidade descritiva em todas as áreas da argumentação. Ou seja, emocional e racional.

Você irá entender isso nos detalhes em alguns instantes.

Vamos começar pelo processo para o desenvolvimento da visualização.

Você deve lembrar das aulas de português na escola, certo? Lembra aquela aula de interpretação de texto?

Essa era uma das aulas mais importantes para o desenvolvimento de copywriters.

Quando eu te peço para lembrar das aulas de português, imediatamente eu quero gerar uma primeira visualização.

Eu quero te levar de volta para a escola. Por que eu faço isso?

O motivo é simples. Na minha visualização sobre formar copywriters, eu sempre imagino que na época da escola, os professores deveriam ter ensinado isso.

Imagina só se eles tivessem nos ensinado a criar uma carta de vendas, já no ensino fundamental?

Imagine no ensino médio, os alunos criando cartas de vendas? Uau!

Pois é. Isso não acontece na prática., mas isso pode ser uma grande vantagem.

Por que?

Porque todo mundo está começando do zero, quando o assunto é o mundo da copy.

Percebe como eu consigo desenvolver uma abordagem de copy a partir de uma primeira visualização?

Você como um copywriter, **precisa desenvolver a habilidade de compartilhar visões de mundo com o seu público.**

É preciso que o seu leitor encontre semelhanças no modo de pensar e ver o mundo.

Mas o pontapé inicial envolve gerar algum tipo de conexão inicial.

Por exemplo: Quando você descreve cenários familiares.

Lembra do que eu expliquei sobre conexões neurais similares? O nosso cérebro tende a se interessar por algo familiar. Isso acontece porque ele poupa energia fazendo isso.

E também por um instinto de sobrevivência. Se aquilo está se repetindo, ou se existe algo familiar, deve ser importante.

O Exercício mais importante de todos

Eu quero que você se concentre em duas coisas a partir de agora na sua escrita.

1. Procure temas familiares para iniciar uma conversa.
2. Inicie novos temas somente depois de contextualizar o leitor.

O que significa encontrar temas familiares?

Na prática, você precisa descrever situações que gerem identificação com o seu público.

Os comediantes sabem fazer isso muito bem. Eles contam histórias que tendem a acontecer com muitas pessoas.

> *Você precisa pegar coisas óbvias e inserir dentro de um novo cenário.*

Chame a atenção do seu público, gere familiaridade e somente depois, comece a apresentar as suas promessas.

Em um roteiro de copy, isso acontece mais ou menos assim.

Headline (Promessa)
Abertura (O momento de gerar familiaridade)
Segundo parágrafo (Aqui começa a virada para a argumentação).

Se você entender essa regra de familiaridade antes de avançar na promessa. BINGO!

Pense o seguinte: Você está em algum local e encontra um desconhecido. Como você inicia uma conversa?

Quando você encontra um conhecido, como você inicia essa conversa?

Preste atenção na resposta.

Geralmente a primeira conversa com um desconhecido envolve exatamente uma apresentação:

Você mora aqui perto? Você veio para o treinamento? Você é aluno do professor X?

O desconhecido é o assunto em comum. Você está conhecendo aquela pessoa.

Já na conversa com o conhecido, o assunto envolve temas conhecidos.

Como está fulano? Você ainda está na empresa X? E assim vai...

Em uma carta de vendas... você precisa aprender qual o TOM você irá usar.

Mas no começo, o ideal é sempre usar essa argumentação de proximidade, tratando de assuntos conhecidos.

Mas na sequência, ao avançar na carta de vendas, você fala de uma maneira mais distante.

Exemplo:

Se você quer vender todos os dias, existem algumas ações que você precisa colocar em prática. Eu sei que provavelmente existem ações no seu dia a dia que você não tem certeza de que estão funcionando, certo?

Talvez as postagens que você faz. Talvez os e-mails que você envia. Isso é normal. Eu vejo isso acontecendo todos os dias.

O que eu vou te mostrar agora é o erro mais comuns dos empreendedores brasileiros. Eu quero que você pare e analise se isso acontece com você.

Repare mais uma vez que eu tento o tempo todo criar uma descrição de um cenário.

Se você quer...você precisa...
Provavelmente isso acontece
Talvez seja isso...
Talvez seja aquilo...
Isso é normal...
Eu vejo isso acontecendo todos os dias...
Eu vou te mostrar algo...
Quero que você me diga se isso acontece com você...

Percebe o padrão?

Agora vamos voltar para a parte da interpretação do texto.

Quando mais você consegue visualizar determinada cena acontecendo, mais fácil fica entender o que está acontecendo.

Para ativar o fluxo da criatividade, você precisa parar e observar com muita atenção o que o seu público está dizendo.

Como eles falam dos problemas? O que eles dizem que querem? O que elas realmente querem?

Como é a realidade deles? Como seria a vida deles se eles já tivessem resolvido o problema?

Tudo isso será a base para a sua descrição inicial e visualização inicial.

A partir dessas informações que você irá jogar na sua mente, você precisa transformar isso em um filme. E é esse filme que irá dar o tom da sua copy.

Mais uma vez, lembre-se que estamos falando o tempo todo sobre aquecer a sua mente para escrever.

A **melhor** maneira para aquecer a sua mente envolve a reflexão profunda ou uma conversa prolongada.

A reflexão é ativada dessa maneira que eu te ensinei nas últimas linhas. Já a conversa, como o próprio nome diz, envolve discutir o assunto.

Sempre que eu converso com um cliente, antes de escrever uma carta de vendas, eu peço que ele me conte histórias, me dê explicações.

Quanto mais ele conversa comigo, mais ativa a minha mente. Eu faço anotações, eu tenho insights.

Hoje eu estava em reunião com um cliente e ele falou assim:

Natanael! Na nossa última reunião, eu fiquei muito incomodado positivamente. Você bateu na tecla que eu precisava de um método...

Cara...eu nunca tinha parado para desenhar o meu método do começo ao fim...E agora eu consegui.

Foi assim que ele começou a nossa reunião. BINGO! Me deu de presente o início da copy.

Eu comecei a visualizar ele no escritório, quebrando a cabeça e pensando: Por que os meus alunos têm tanto resultado? O que realmente eles fazem de diferente?

Qual é a causa desse sucesso deles? Eu imaginei ele virando a noite...pensando...pensando. Até que ele dormiu na mesa e acordou no outro dia sem nenhuma ideia.

Já frustrado ele continuou a vida. Foi fazer um novo treinamento e lá, um aluno se aproximou e disse: Eu to muito feliz com essa formação...porque eu sempre ficava inseguro se eu tinha aprendido tudo...e dessa vez eu sinto que agora estou com a minha base consolidada....

Naquele momento ele teve o momento **A-HA**!

Ele entendeu que o método dele funciona porque ele se **concentra em criar uma base**, ele **resolve a causa e não os sintomas**...ele **dá o caminho para o resultado final**...e não um reparo. **BINGO**!

Essa história não aconteceu assim. Eu criei na minha mente, apenas para dramatizar na minha mente o sentimento.

Foi então que eu comecei a escrever a copy.

Isso pode mudar a sua vida…

Eu sei que falar sobre mudança de vida é algo tão genérico. Tão difícil de acreditar.

Eu sei.

Mas eu preciso correr esse risco de começar essa conversa usando esse clichê.

Os últimos dias foram tão cansativos que eu não consigo pensar em algo mais "atrativo".

Eu não dormi direito nos últimos três dias. Estou exausto. Depois desse texto eu acho que vou simplesmente desmaiar.

Espero conseguir chegar até o final. Vou usar as minhas últimas energias. (risos)

Mas vamos lá. Deixa eu te explicar o que aconteceu.

Durante os últimos X anos eu já (falar os números de alunos...cases).

E por mais que eu esteja muito feliz com esse resultado, eu parei para pensar em algo que simplesmente me deixou inquieto por dias.

Eu decidi parar e pensar: O porquê o nosso treinamento tem gerado tantos resultados?

E para o meu pânico, eu não consegui encontrar uma resposta perfeita.
(Continua contando a jornada até a descoberta e na sequência começa a falar do método).

Percebeu como funciona o meu processo criativo? Percebe como tudo parte da visualização e ativação mental?

Se você é um leitor atento, deve ter reparado que até esse momento eu não falei sobre técnicas, scripts, gatilhos nem nada do tipo.

Estou falando puramente sobre aguçar a sua mente. Te fazer pensar, refletir e sentir ANTES de escrever.

Eu sugiro que você reflita sobre esse capítulo e leia mais umas duas vezes.

Combinado?

A Transformação do Texto em Lucro

(Todos os dias durante 1 ano)

Bem, agora que você já aprendeu a aquecer a sua mente, chegou o momento de direcionar toda essa velocidade e intensidade em mais prática.

Esse é o momento mágico de literalmente transformar texto em lucro. Os conselhos que eu quero compartilhar nas próximas linhas irão fazer com que a sua copy possa render no mínimo, 2x mais resultados para você.

Eu não estou falando de mais conversão, mesmo sabendo que o que eu vou compartilhar com você irá gerar mais conversão.

Eu também não estou falando sobre mais volume em vendas ou facilidade no processo criativo no seu dia a dia, mesmo sabendo que isso também é uma verdade.

Mas estou falando da parte mais óbvia, que é a criação de múltiplas peças de copy com uma mesma estrutura mestre de argumentação.

Calma. Eu vou explicar isso nos detalhes.

Mas antes eu preciso te colocar dentro de um grande contexto geral.

Na década de 50, por exemplo, quando um grupo de copywriters se reuniam para criar uma carta de vendas, eles sabiam que aquela ideia não poderia ser repetida exaustivamente do mesmo jeito.

Aquela campanha tinha um período para começar e terminar. Afinal, estamos falando de um anúncio que iria rodar por um tempo no jornal, rádio, TV, ou seria enviado para a casa das pessoas em formato de carta.

O elemento novidade era muito importante. Raramente uma empresa fica utilizando a mesma propaganda por muito tempo.

Ela pode até repetir o formato que funciona, mas o mesmo VT, raramente. Esse é o primeiro ponto.

Mas avançando para o mundo digital, uma mesma carta de vendas, pode ser entregue em formatos diferentes.

Como?

Se você cria uma carta de vendas em texto. Esse texto sozinho já pode ser utilizado como uma campanha. Chamamos isso de Long Sales Letter.

Esse texto, sendo colocado em formato de script de vídeo, pode se tornar um vídeo de vendas ou um mini-treinamento.

Se você organizar os elementos, essa carta de vendas pode virar um tema para uma Live de vendas. Ou você pode criar um webinar gravado e usar os mesmos elementos daquela carta de vendas.

Você foi convidado para fazer uma palestra, se você pegar a sua carta de vendas e organizar em slides, também é possível criar uma nova maneira de apresentar os mesmos argumentos, certo?

E por último, imagine que você vai gravar um podcast sobre o tema central da sua carta de vendas, e então, você usa os mesmos argumentos?

Percebe que uma peça de copy pode se transformar em várias outras campanhas?

E é exatamente essa visão que um bom copywriter precisa ter.

É claro que para cada formato de campanha, elementos diferentes precisam ganhar mais destaque (falarei sobre isso no próximo e último capítulo), mas antes eu preciso que você entenda a visão geral da estratégia.

Se concentre em criar uma Copy e somente depois, pense nas campanhas.

Sempre que eu começo um processo de criação de cartas de vendas, inevitavelmente eu começo também um processo de criação de um novo produto.

Por que?

Em alguns momentos, novas abordagens acabam se tornando um fio condutor para novos produtos. Mas eu não vou entrar nesse mérito, porque isso poderia virar um outro livro.

Apenas fique com isso em mente.

Eu vou te dar um exemplo bem prático. Eu fui convidado para palestrar em uma Live especial com a equipe da Eduzz. Eles me pediram um tema novo, ou seja, eu precisava usar os conceitos que estou ensinando nesse livro.

Eu fui seguindo todos os processos que eu ensino desde o primeiro capítulo. E uma das argumentações centrais que eu criei foi utilizar o termo TVI.

Esse termo significa: Técnicas de Vendas Imediatas. Eu criei esse termo para falar sobre estratégias de vendas rápidas e simples.

Mas acompanhe qual foi o meu processo criativo. O tema que eles me deram foi: Além dos Dígitos.

Esse é o tema central que será utilizado no evento da Eduzz.

A ideia é falar sobre a criação de um negócio online seguro, que não se preocupe tão desesperadamente em alcançar determinados dígitos, mas em de fato desenvolver uma empresa.

Eu aprendi algo muito poderoso com o Al Rios que diz:

O que está na mente do seu público é 100% verdade.

Em outras palavras, é muito difícil mudar o que está na mente da sua audiência. O que você pode e precisa fazer é pegar carona nisso e criar um novo significado.

Então, quando eu preciso criar um copy nova que irá se tornar um novo projeto, eu sigo esses passos:

1. O que já está na mente do público?

Nesse exemplo específico, eu sei que as pessoas querem velocidade. Elas têm pressa, elas querem o negócio funcionando, as vendas acontecendo.

Mas, acima de tudo, elas têm pressa em alcançar aquilo que elas imaginam que signifique o sucesso. Se ganhar uma placa representando o quanto a sua empresa faturou, significa sucesso, é isso que eles irão buscar.

E é aqui que entra a grande oportunidade de criar um novo significado para isso.

Eu preciso estabelecer um novo modelo de sucesso. Nesse caso, eu preciso fazer comparações.

Exemplo:

Existem empresas que até conseguem gerar bons números em faturamento. Mas não conseguem sustentar.

Existem aqueles que tentam, se esforçam e nunca conseguem chegar lá.

Mas tem aqueles que conseguem bater grandes números, e continuam crescendo ao longo do tempo.

Sabe qual a diferença?

Aqueles que chegam lá e continuam crescendo, desenvolveram a habilidade que eu chamo de TVI. Técnicas de vendas imediatas.

Ou seja, eles sabem vender MUITO e rápido. Esse é o maior segredo de todos. BINGO!

Reparou em como eu conduzo a argumentação?

Ou seja, o processo é simples.

1. O que está na mente do público
2. O que eu quero dizer
3. Como eu coloco isso em um contexto

Depois que eu criei a minha argumentação, eu defini o tema da minha palestra que ficou: O Poder da Venda Imediata: O Grande Segredo Para Vender Todos os Dias (com muito lucro) em 2020.

Bingo!

Depois que eu criei esse tema para a palestra, eu usei os mesmos conceitos nos eventos presenciais que eu tinha para entregar nos últimos dias.

Eu gravei vídeos falando sobre esse tema. E o mais importante, eu criei um produto novo, uma MENTORIA ONLINE, para ajudar os empresários na implementação imediata dessas técnicas.

Percebe como uma coisa foi levando a outra?

Então, aqui eu tenho dois cenários.

1. Com essa argumentação central que eu criei, agora eu posso fazer vídeos, lives, stories, posts, treinamentos, palestras, artigos, tudo falando dentro dessa mesma BIG IDEA.

Eu penso inclusive em escrever um livro chamado: Venda Imediata.

2. Eu posso pensar em maneiras diferentes de explicar essa nova abordagem, argumentação que eu criei a partir de uma nova ideia.

Você consegue entender que em momento algum eu me preocupo diretamente com a copy?

Repare que primeiro eu penso simplesmente em me comunicar de maneira direta e eficiente com um público que já possui problemas e certezas na sua mente?

Essa é a grande habilidade de um copywriter nível A.

A escrita só vem DEPOIS da criação de uma boa ideia, argumentação e um tema central. Não o contrário.

Pegou a ideia? Aprendeu?

Muito bem, então vamos em frente.

O Grande Segredo dos "Mestres Copywriters"

Eu não sei se você é da época dos Mestres Pokémon, ou se gostava do desenho.

Mas eu faço parte da geração que sonhava em se tornar um Mestre.

Se você faz parte desse grupo, essa conexão será mais fácil de fazer. (risos)

Qual era a maior habilidade de um mestre em uma batalha?

Tomar as melhores decisões. Cada Pokémon tinha uma série de habilidades, que poderia ser ativada.

Fazia parte das habilidades de um mestre, escolher o Pokémon certo para a batalha e o poder certo para utilizar.

Ok. Prometo que eu parei por aqui. (risos)

Mas eu vejo como o mesmo cenário no mundo da Copy.

A sua grande habilidade não deveria ser apenas de escrever uma boa carta de vendas.

Você precisa saber escolher o tom certo para cada mercado e cada tipo de oferta ou campanha que você irá realizar.

Faz sentido?

Pois é. O problema é que a maioria não pensa antes de escrever, quer sair apenas digitando ou falando. Muito cuidado.

O meu papel como o seu mentor nessa jornada, não é nada fácil. A minha tendência original é fazer como a maioria faz, que é te dar recomendações.

Mas eu sei o como isso pode ser frustrante e inútil.

Eu lembro de ler vários e vários livros de Copywriting e receber recomendações do tipo:

Você precisa treinar todos os dias. Isso vai te fazer um bom copywriter. Persistência, essa é a chave do sucesso.

Ok! Beleza...lindo...mas o que eu faço todos os dias? Como eu treino?

Por isso eu vou entrar em uma atividade prática para você começar a implementar diariamente.

Combinado?

O Treino de um bom Copywriter começa assim...

A sua primeira grande habilidade a ser treinada diariamente é a habilidade da observação.

Todos os dias, eu quero que você leia posts, tweets, comentários em vídeos. Eu quero que você observe o que as pessoas do seu mercado estão falando.

O que elas reclamam? O que elas afirmam? O que eles concordam?

Você vai pegar alguma afirmação, objeção ou comentário recorrente, e selecionar como a base para a criação de um argumento central.

Existem algumas maneiras de fazer isso:

Exemplo: A maioria das pessoas acham que _____. O que é verdade...Até certo ponto.

Afinal, pense bem... (Aqui entra o seu argumento).

Todo mundo sabe que ____ o que muitos não sabem é ____ e aqui está o que você precisa para ____ (promessa).

Agora deixa eu te explicar isso melhor (Entra o seu argumento).

Todo bom copywriter sabe criar argumentos dentro de um outro argumento.

Isso é básico e avançado ao mesmo tempo.

Básico porque todos deveriam fazer isso. E avançado porque quase ninguém sabe realmente como fazer isso.

Talvez você não tenha percebido, mas eu acabei de usar essa técnica com você. (risos)

Se você reparar com atenção, esse livro é repleto de técnicas de Copywriting do começo ao fim.

Mas isso é outro assunto.

A sua primeira atividade diária é a da observação.

Copiou? Entendeu? Ótimo.

A segunda grande atividade é transformar isso em uma primeira carta completa (começo, meio e fim).

Você irá escolher um formato.

Pode ser apenas texto. Pode ser um vídeo, uma palestra, um post, uma live. Não importa.

Apenas transforme isso em algo completo e publique.

Agora você está pronto para a terceira e mais importante atividade de todas.

É o momento de você partir para um outro formato.

Exemplo: Se você fez um vídeo com essa nova copy/argumentação que você criou, agora é o momento de criar um novo formato.

Exemplo: Você pode agora, gravar um Podcast. Você não irá ler a copy, apenas usar como uma base.

Aqui vai acontecer uma mágica. Durante o seu podcast, você irá apresentar outros argumentos. Irá dar outros exemplos, a sua mente irá trabalhar de outra maneira.

Depois disso, chegou o momento de rodar uma Live. Uma live rápida. 5,10 minutos.

O objetivo é apenas treinar a sua mente mais uma vez para recriar algo que já foi criado duas vezes.

Você pode ir rodando vários formatos, repetindo o mesmo argumento.

Quando você terminar, irá perceber que com o esforço mínimo, conseguiu deixar a sua copy ainda mais tangível e ainda mais poderosa.

É assim que você pode praticar a sua habilidade de criar, escrever, falar...tudo ao mesmo tempo.

Por muitos anos eu fiz isso quase que diariamente. Eu repetia esse processo, e obviamente, acabava vendendo.

Foi assim que o vender todos os dias foi se tornando algo tão poderoso.

Eu só queria treinar a minha copy, mas eu já estava ali, falando, oferecendo. O que acontecia?

As vendas começavam a acontecer.

Eu lembro de uma vez, começar uma live, por volta das 21h30. Eu só queria treinar a minha copy para um produto de R$2.900.

Quando eu olhei, tinham cerca de 32 pessoas assistindo a transmissão no Youtube.

Eu comecei a fazer a oferta e coloquei o link de vendas. Duas pessoas compraram na hora. Mais de 3 pessoas compraram no dia seguinte.

5 vendas em um teste de abordagem. Se você navegar pelo meu canal no Youtube, irá encontrar vários e vários testes como esse.

Eu apenas gravava, eu queria apenas aquecer a minha mente. Depois, eu criava cartas de vendas oficiais e começava a comprar tráfego.

Aquele vídeo foi apenas um treino, porém, um treino que vendia.

Irá chegar um momento, que naturalmente, a sua mente estava afiada para criar e recriar, quantas vezes você quiser.

Lembre-se:

> *O maior tesouro de um copywriter é a sua mente afiada.*

Eu cuido ao máximo da minha mente. Tenho muito cuidado com o que eu assisto, vejo, escuto, porque tudo isso pode impactar positivamente ou negativamente.

Eu não gosto de notícias ruins, por inúmeras razões, mas a principal delas é que a repetição de emoções negativas, geram um estado de sentimento negativo.

E um estado de sentimento negativo, gera pensamentos negativos.

Percebe?

Assim como um cantor, sabe que não pode prejudicar a sua voz, um copywriter precisa preservar a sua mente.

Eu tomo suplementos, faço uma dieta mais saudável, faço prática de exercícios, também para melhorar o meu desempenho como copywriter.

Preste muita atenção nesses conselhos que eu estou te dando, porque muito provavelmente, você jamais irá ler isso em um livro de copy.

Mas eu sei que o que mudou para que eu pudesse entender melhor, não tinha apenas relação com técnicas, mas com o contexto.

Eu vou falar mais sobre isso no próximo capítulo.

Mas para finalizar esse, eu preciso que fique bem claro a atividade que eu coloquei para você.

1. Encontrar o pensamento atual do mercado

2. Criar uma argumentação

3. Faça uma copy do começo ao fim (escolha 1 formato: texto, vídeo, live, post)

4. Quando terminar o primeiro, avance para um segundo, terceiro. Observe as novas argumentações que você criou.

5. Faça uma nova copy com todos os novos argumentos que você criou.

Eu preciso que isso tenha ficado extremamente claro para você.

Afinal, depois de aquecer a mente, desenvolver a habilidade de visualização, aprender os conceitos do segundo pensamento e segunda conversa, esse é o seu próximo passo ideal.

Agora, chegou a hora de colocar em prática mais esse ensinamento.

Preparado?

A Fonte Mais Lucrativa Que Existe Para Os Copywriters Nível A

Uma das coisas mais poderosas que eu aprendi como copywriter é o que eu chamo da "Arte da Observação".

Tudo começa com uma profunda e detalhada observação. Eu confesso que tenho uma certa vantagem, e que por muito tempo eu não achei que isso fosse de fato uma vantagem.

Mas hoje eu penso diferente.

Eu sou formado em publicidade e propaganda. Durante os quatro anos de faculdade eu vivi e respirei propaganda.

Da maneira prática e direta (comerciais, jingles, anúncios) e da maneira indireta (sociologia, psicologia, antropologia, teoria da comunicação).

Quando eu terminei a faculdade, muita coisa aconteceu ao mesmo tempo.

Eu me formei, me case, e abri uma empresa, tudo isso em um intervalo de pouco menos de 3 meses.

Ah! Tem um pequeno detalhe nessa história. Eu pedi demissão também.

Em junho de 2011 eu pedi demissão da Oi, onde eu era vendedor de planos telefônicos.

Em julho, eu fiz a minha apresentação da monografia. Em agosto foi a minha festa de formatura.

Em setembro eu me casei com a Iaponira. E ainda em setembro eu estava com o meu CNPJ nas mãos.

No começo de 2012, eu e a Iaponira, minha esposa (para quem não sabe, nós nos conhecemos na faculdade no primeiro semestre (começamos uma pós-graduação em gestão estratégica de marcas).

Agora nós éramos sócios, casados e voltamos para a sala de aula.

Nesse mesmo período, eu comecei a fazer palestras em Fortaleza. Comecei a ser convidado para eventos, etc.

Eu estava me preparando para iniciar um Mestrado em Marketing. Tudo ao mesmo tempo.

Só para você entender um pouco dos bastidores.

O coordenador da faculdade onde eu me formei, me disse o seguinte: Pega um título de pós-graduação, que eu te coloco para dar aula aqui na mesma hora.

Por isso eu imediatamente comecei logo uma pós e já pensei em mestrado. Eu realmente tinha esse sonho de lecionar nas universidades.

A minha visão era: Eu seria uma pessoa do mercado (como dono de agência) e uma pessoa do mundo acadêmico (dando aula e escrevendo livros).

O plano estava traçado.

Só tinha um detalhe que mudou os meus planos. Esse detalhe tinha nome: Copy.

Mas eu não quero aprofundar nessa história, vou fazer um resumo:

Eu decidi que aquele caminho era muito cômodo.

E que eu tinha a chance de fazer algo que ainda não tinha sido trilhado por muitas pessoas.

Por alguma razão, sem querer ser arrogante, naquele momento eu entendi que eu poderia ou deveria, falar com mais pessoas.

Eu decidi que eu iria buscar algo desconhecido no mercado digital, porém, trilhando caminhos conhecidos.

Eu vou explicar isso melhor. Prometo.

O que eu estou tentando dizer, é que por um certo período, eu fiquei frustrado, achando que todo aquele período de quase 6 anos, tinha sido perdido.

4 anos de faculdade, mais esse período em uma pós, estudando marketing, branding, publicidade, teoria da comunicação, sociologia, antropologia e etc. não seriam úteis.

Eu pensava: Poxa! Se eu tivesse dedicado esse tempo estudando copy e tráfego, quanta coisa eu já teria descoberto primeiro.

Não sei se estou fazendo sentido. Espero que sim.

Mas o segredo que eu quero compartilhar com você (pela primeira vez), e a vantagem que eu sei que estará nas suas mãos agora, vão te deixar bem contente.

Eu entendi que chegou um momento (que não demorou muito). Eu já tinha dominado os conceitos principais das estratégias de marketing digital.

Eu já tinha entendi os pilares de tráfego, copy, engajamento, email marketing, etc e etc.

Digamos que eu já estava na média. (O que não é difícil de alcançar, sendo bem honesto).

Porém, quando eu parei de ficar olhando apenas para as técnicas e macetes, e eu comecei a olhar o TODO. BUUMMM!

Tudo fluiu muito mais fácil e mais rápido.

Eu comecei a voltar o olhar para os meus estudos de outras áreas como sociologia e psicologia.

Foi ali, que eu comecei a criar estratégias muito mais poderosas. Porque eu comecei a ter um olhar histórico sobre os mercados e tendências.

Quando eu comecei a estudar (novamente) sobre teoria da comunicação, imediatamente eu consegui identificar todas as técnicas de retórica e Copywriting de uma maneira muito mais rápida.

Quando eu comecei a estudar (mais uma vez), sobre relações públicas, promoções de vendas e marketing direto (BUUUMM!)

E desde então, essa tem sido a minha verdadeira base de estudos.

Eu parei de estudar apenas técnicas e comecei a prestar atenção no plano geral. Eu leio livro sobre economia, livros de psicologia, leio sobre história (esse eu sou fascinado). E dentro desses estudos indiretos, eu consigo identificar padrões e técnicas para os dias atuais.

Quando eu estou nos EUA, eu consigo fazer estudos de mercado completos.

Eu comprei ferramentas de pesquisas. Eu compro estudos, análises de mercados, eu invisto pesado em relatórios de pesquisas de consumo, tendências e outras coisas.

Eu assisto propagandas (americanas) que se baseiam em marketing de resposta direta.

Infelizmente, muita coisa não chegou no Brasil.

Historicamente é possível identificar exatamente o que aconteceu.

É possível identificar também e porque o mercado publicitário brasileiro, apesar de muito premiado, não é algo acessível para pequenas e médias empresas.

Enfim. O meu propósito com esse capítulo final é te fazer pensar e se planejar melhor.

Antes de voltar a te dar mais recomendações sobre o que você deve prestar atenção, vamos continuar falando um pouco mais sobre você.

O seu estilo de escrita, criação e rotina.

Uma das perguntas que eu mais recebo hoje é: Como é a sua rotina.

Eu até posso falar um pouco sobre a minha rotina. Mas eu não acredito que essa seja a pergunta mais interessante.

A pergunta correta deveria ser: Como eu criei a minha melhor rotina?

Por que?

Cada um irá encontrar a sua rotina perfeita e mais lucrativa de todas.

Eu vou compartilhar um pouco da minha rotina, mas principalmente o que considero como os elementos cruciais para montar uma.

A primeira regra mais importante de todas é:

O horário que você irá escrever pode impactar diretamente na qualidade e velocidade do que você irá escrever

Pouco importa se você é uma pessoa mais do dia ou mais da noite. Isso não tem necessariamente uma relação direta com o seu horário mais criativo.

Na minha experiência, o processo criativo acontece totalmente antes de você se sentar e escrever.

É por isso que você precisa apenas saber o momento que você está pronto para se sentar e escrever.

Por muito tempo eu fui uma pessoa mais noturna. Sempre trabalhei até mais tarde.

Por muitas vezes, ia dormir de madrugada trabalhando. Eu simplesmente ia fazendo, criando, concluindo e claro (procrastinando).

Eu sempre correlacionei muitas horas de trabalho a uma rotina intensa e produtiva.

Hoje eu penso bem diferente. Na maioria dos casos, se trabalha muito porque produz pouco.

Ou seja, porque somos ineficientes, acabamos precisando de mais horas.

A outra questão é que nos ocupamos com atividades que não irão gerar resultados, também perdemos um tempo precioso.

Por isso que hoje, eu trabalho de uma maneira diferente. Quem passa um dia inteiro comigo, pode até identificar vários e vários momentos, que pode falar abertamente que eu não estou trabalhando.

Seja porque eu estou passeando com os meus cachorros, correndo, ou jogando uma partida de Fifa ou Fortnite.

Parece que eu não estou trabalhando. Só parece.

Eu vou tentar explicar isso de uma maneira simples e didática.

Nesse momento, vou pedir uma licença poética para falar de outro assunto que não envolve necessariamente copy. Combinado?

Vamos lá.

Se você quer vender online. Existem 3 tipos de atividades que você precisa fazer.

1. **Atividades estratégicas**
2. **Atividades táticas**
3. **Atividades operacionais**

Atividades estratégicas: Pensar sobre o que deve ser feito agora. Lanço um novo livro? Me concentro em vender mentoria? Focamos na recorrência? Vamos fazer um evento?

Qual o melhor público para trabalhar agora? Será que vale criar um novo produto esse mês?

Atividades táticas: Definir como será feito. Qual campanha vamos rodar agora? Webinar, Mini Treinamento? Que modelo de copy vamos usar?

Vamos fazer uma oferta direta? Que formato de email vamos seguir? Qual imã iremos usar? Quantos anúncios vamos fazer? Qual a melhor headline para essa oferta?

Atividades operacionais: Momento de executar e não de pensar ou definir nada. Apenas seguir o plano.

Disparar o email. Subir o anúncio. Montar os slides da palestra. Escrever o capítulo.

Pegou o conceito?

A maneira como você irá usar o seu tempo é que será o grande diferencial.

Por exemplo: Quando eu estou em um momento ESTRATÉGICO. Eu não fico pensando na execução.

Estou apenas procurando ideias. Modelos, referências, estudando, observando.

É aqui eu me aprofundo no mercado americano. Converso com os empresários que tenho contato, observo o que eles estão fazendo, tiro dúvidas, peço orientações.

É nesse momento que eu me aprofundo nos meus estudos mais teóricos, leio, busco, me aprofundo.

No momento TÁTICO, é a organização do plano. Definição dos processos, etapas a serem seguidas, modelos que iremos usar, definição dos padrões.

Quando chega no OPERACIONAL, é a hora da ação.

Por um tempo, eu que fazia as 3 partes. Eu mesmo colocava tudo em prática.

Hoje eu tenho uma equipe (enxuta) mas altamente eficiente.

A minha equipe de marketing em si, tem apenas 5 pessoas.

1 que compra tráfego
3 que negociam e fazem vendas e suporte
1 que cuida da parte técnica (servidor, e-mails, etc.)

Tenho mais 1 pessoa que cuida da parte financeira/administrativa.

E claro, a Iaponira (minha esposa e quem realmente manda em tudo). Que cuida do financeiro, eventos e lida com questões burocráticas (advogados, contabilidade, etc.).

Em outras palavras, hoje eu posso me concentrar naquilo que eu sou realmente BOM, que é a VENDA e a entrega.

Esse é o meu papel.

Eu crio e vendo.

A equipe me ajuda a gerar tráfego, cuidar dos alunos, negociações, etc.

Dependendo da sua estrutura hoje, será mais fácil ou não seguir as recomendações que eu quero.

Mas, em um grau maior ou menor, você será capaz de seguir os princípios.

Ou seja.

Entenda que, no MEU caso, eu já tenho algumas frentes sendo muito bem cuidadas.

- Geração de novos leads
- Suporte e acompanhamento dos alunos
- Negociações e fechamentos

O meu papel então é: Criar novos produtos, criar ofertas e cartas de vendas. Ou pelo menos, uma base, para que a equipe também use.

Uma vez que toda a minha equipe, também é treinada com as minhas técnicas de copy.

Agora que você entendeu o conceito, fica mais fácil você se encaixar.

Se você está sozinho, fazendo tudo. Você precisa entender que existe um momento que você está fazendo a parte estratégica.

Em outro momento, você assumiu o chapéu tático. Por último e não menos importante, o papel operacional.

O mais difícil de fazer é o estratégico e o tático. E tem duas maneiras de você fazer isso.

A primeira é quando você tem um MENTOR e um modelo a seguir.

Ao invés de você ficar quebrando a cabeça, você tem a chance de perguntar ao seu mentor.

Ei! No meu caso, o que você considera o melhor a fazer agora?

O seu mentor irá lhe direcionar: Segue por esse caminho.

Ok! Ótimo. E como eu faço isso?

Ele irá dizer: Segue esse processo aqui. Uau! Ótimo! Agora, você vai lá e faz. Simples assim.

Obviamente, não será 100% do que lhe foi dito e orientado que irá funcionar perfeitamente.

Mas você economizou muito tempo, dinheiro e energia. E quando você coloca em PRÁTICA, você tem a experiência e os dados para analisar.

Hmmm! Fiz isso e funcionou muito bem. Isso, não foi tão bom. Ótimo. Agora posso experimentar isso de diferente.

Foi isso que me deu muita velocidade.

Eu fui para os EUA, entrei em grupos de Mastermind e fiz perguntas.

Oi! É o seguinte...a minha situação é essa. O que você me recomenda a fazer?

Recebi orientações e IMEDIATAMENTE coloquei em prática. Porque eu pulei duas etapas.

Estratégico e tático. Eu fui lá e coloquei em prática (Operacional).

Depois de colocar em prática, eu comecei a entender os bastidores (Estratégicos e táticos).

Então, comecei a entender cada vez mais o funcionamento e os detalhes.

E isso nos leva a segunda maneira.

Você pode seguir o modelo "tentativa-erro". Uma hora (se você não desistir), você vai fazer descobertas.

Eu prefiro o modelo 01. Que é o que eu faço até hoje.

Eu prefiro pagar para receber direcionamento de quem já está em um nível mais avançado.

A minha vantagem é que eu não fico discutindo. Eu sou muito obediente nesse sentido.

Há mais ou menos 3 anos, eu vi um modelo de mentoria online. 30 dias. 4 encontros.

Era algo que estava surgindo nos EUA. Fui lá, conheci o modelo de perto e falei...Ok! Vou fazer.

Cobrei R$2.000 para 30 dias de mentoria. E comecei a executar algumas turmas.

Fiz mais de 500 vendas, dividindo em cerca de 10 turmas. Faça as contas.

Sabe a melhor parte? Uma parte considerável dessas pessoas que participaram da mentoria, avançaram para outros programas, como grupos de negócios, implementação, imersões, etc.

O resultado final foi muito maior. Ou seja, eu não inventei o modelo da mentoria online, apenas implementei primeiro.

Recentemente, foi feita uma mudança no formato da mentoria. E o valor também aumentou.

Como sou disciplinado, segui o mesmo formato.

Mudei o modelo da mentoria e aumentei para R$5.000. O resultado já está sendo UAU!

Por outro lado, alguns formatos que eu descobri, não funcionaram tão bem.

Exemplo: Produtos de R$7.

Quando eu aprendi, coloquei em prática imediatamente. Fiz dezenas de milhares de vendas.

Mas não aconteceu o que eu imaginava, que era um avanço das pessoas em outros programas.

Eu decidi cobrar R$297. Porque eu tinha uma tese.

Para o brasileiro, o valor da prestação é importante. Ou seja, 12x de R$29,90 também era algo de menor valor.

Bingo! Comecei a lucrar muito mais com um produto de menor valor, e as pessoas começaram a avançar muito mais nos outros produtos.

Eu poderia listar várias e várias experiências que deram certo e outras que não deram certo.

A vantagem é que eu consigo descobri rapidamente se algo vai funcionar ou não.

Sabe por quê?

Porque eu faço e descubro. Simples assim.

Bom, eu fiz esse assunto lateral, apenas para te dar uma visão mais contextual do tema.

Agora, podemos voltar para copy.

Combinado?

O ponto chave é: **Não adianta você virar o melhor copywriter do mundo, se você continuar fazendo as ações erradas.**

Entenda, que uma copy perfeita, para um formato de produto que as pessoas não querem, não vai te dar um resultado maravilhoso.

O maior problema dos copywriters no Brasil é que eles são muito limitados como estrategistas.

Eles passam o dia ouvindo dicas e mais dicas sobre escassez, gatilhos, headlines, e não ampliam suas visões para o mundo dos negócios.

Em primeiro lugar, você precisa começar a ter um olhar mais amplo.

Sociologia, psicologia, antropologia, história da humanidade, história dos mercados.

Em segundo lugar, abra a sua mente para questões de mercado. Você precisa começar a abrir os seus horizontes, enxergar mais longe.

Não se trata apenas de uma boa copy. Tem muito mais envolvido.

Você precisa saber identificar os momentos do mercado, conhecer mais sobre ciclos dos produtos, enfim...

Tem tanta coisa que você deveria aprender imediatamente, que fica até difícil listar.

Mas eu te dei uma grande vantagem, te ensinando os conceitos mais avançados que existem para você aquecer a sua mente.

Só isso, já vai te dar uma boa vantagem, afinal, você irá escrever muito, muito mais rápido e com muito mais qualidade.

Mas eu precisava te desafiar também para seguir para o próximo nível.

Antes de falar mais desse desafio, vamos concluir a "organização da rotina".

Encontrando o seu melhor horário.

Você precisa definir o seu dia de trabalho nessas 3 categorias.

1. Hora da estratégia
2. Hora do tático
3. Hora do operacional

O operacional é o seu momento de explosão. De chegar e fazer.

Geralmente, algo que dura pouco tempo. Para alguns, as duas primeiras horas do dia. Para outros, um pouco mais tarde.

Mas esse é o momento de começar e terminar algo. Uma grande meta para ser buscada.

Exemplo: Vou escrever a copy do começo ao fim. Na segunda-feira das 8h até 10h.

Só que para conseguir fazer isso, você precisa ter feito as outras duas atividades. Essas que você irá fazer como uma atividade secundária em diversos momentos do dia.

Exemplo: Você está passeando. Pode ficar pensando a respeito. Você está munindo a sua mente.

Esse é o momento de uma conversa de orientação. Uma reunião. Algo que você está apenas definindo, levantando informações.

Eu vou dar o exemplo de como eu escrevo os meus livros.

No meu momento estratégico, eu basicamente dou o comando para a minha mente.

Beleza! Vou começar o primeiro capítulo. O que será a mensagem principal?

E vou pensando de maneira descompromissada. Naturalmente, ideias irão surgir.

Esse é o momento de levar para o operacional. Eu pego essas ideias e coloco dentro de uma estrutura que eu sigo para escrever.

- **Oportunidade**
- **Problema**
- **Causa**
- **Solução**
- **Bastidores da Solução**

Eu tenho vários modelos salvos para escrever.

Uma vez que eu já pensei sobre o que eu vou falar.

Uma vez que eu já encaixei qual a estrutura, tudo agora que eu preciso é esperar o meu próximo momento de explosão.

Vamos imaginar que eu comecei a terça-feira e defini como o dia para escrever.

Eu me sento e escrevo.

Pode ser que eu não consiga concluir? Claro.

Se isso acontecer, eu repito o processo. Me levanto, não me estresso. Volto a repetir o processo, até que eu me sinta pronto para continuar a escrever.

Em alguns momentos, isso dura cerca de 10 minutos.

Eu paro entre uma linha e outra e penso: E agora?

Eu levando. Vou fazer outra coisa e retomo o processo. Simples assim.

Natanael, você que criou isso? Não. Isso é ensinado de mil e uma maneiras diferentes.

Eu só encontrei o melhor modelo para mim.

Algumas vezes eu vou tirar uma soneca. Eu paro o que estou fazendo. E vou tirar uma soneca com aquilo na mente.

No escritório, por muitas vezes eu me deitava no chão ou em um travesseiro e simplesmente fechava os olhos e repetia o processo.

Hoje eu aproveito para fazer outras atividades úteis.

Como passear com os meus cachorros. Jogar videogame. Correr.

O importante é assumir uma outra atividade, que deixe que a criação aconteça nos bastidores.

Mas lembre-se que você precisa usar tudo o que foi ensinado nos capítulos anteriores. Você precisa dar munição para a sua mente.

Agora vamos para a segunda parte.

O Momento de estudar e aprender novas técnicas.

Eu não recomendo que você tente fazer algo 100% novo. O ideal é sempre inserir elementos novos em atividades antigas.

Exemplo: Eu não quero que você tente mudar a sua rotina de uma vez.

Pegue um dos conceitos que eu ensinei e comece a colocar em prática.

Vá aproveitando as conexões neurais existentes para fortalecer novas.

Porém, é crucial que você tenha momentos de intenso estudo. Particularmente eu tenho um momento como esse a cada 30-45 dias.

É um momento onde eu reúno os meus livros, começo a estudar, pesquisar, anotar, eu vou jogando novas e novas informações no meu HD mental.

Eu acho muito mais produtivo do que tentar ler todos os dias um determinado livro ou simplesmente falar: Vou estudar.

Eu faço leituras diárias mais relacionadas a matérias, pesquisas, coisas aleatórias dentro de uma área de estudo.

Exemplo: Eu posso ler hoje sobre as novidades do Facebook. Posso ler matérias, relatórios e etc. Estou me mantendo atualizado sobre determinado tópico.

Mas não obrigatoriamente um momento de estudo aprofundado. Eu prefiro fazer isso de uma maneira mais programada.

Eu gosto de dividir em três categorias.

1. **Estudo direto**
2. **Estudo indireto**
3. **Estudo complementar**

O estudo direto é quando eu leio especificamente sobre o tópico. Exemplo: Um livro sobre copy.

O indireto é quando leio algo sobre business.

O complementar é quando vou ler algo de história, psicologia, desenvolvimento pessoal, etc.

Uma outra coisa que ajuda MUITO no seu desenvolvimento e na criação de novas rotinas, é quando você insere uma atividade extra- curricular.

Exemplo: A prática de um esporte.

No meu caso, eu adicionei inicialmente a corrida. Comecei a treinar, participar de corridas, etc.

Isso te ajuda a criar urgência também em outras atividades.

Exemplo: Imagine que você definiu que irá correr 18h. Você precisa terminar as suas atividades até 17h30.

Hoje eu adicionei o futebol. Por exemplo, estou escrevendo esse capítulo nesse exato momento, 17h41.

19h tem jogo. Eu preciso terminar antes das 18h30. Esse tipo de urgência por conta de uma outra atividade, também é muito poderoso.

Eu lembro de acordar mais cedo, para começar a escrever antes da minha filha Melissa acordar.

Eu sabia que eu tinha que escrever rápido. A minha mente entendia isso.

Quando ela acordar, será o momento do banho, café da manhã, passeio. Aproveita para terminar logo.

É claro que tudo isso vira um game. Eu crio esse tipo de cenário para gerar incentivos internos.

Eu não recomendo que você sente na cadeira para escrever, sem um claro deadline para você terminar ou parar de escrever.

Imagine que você esteja em uma competição. Eu aprendi que os escritores têm SALTOS de produção.

Eles se sentam e escrevem em uma explosão. Quando a explosão acaba, param.

E de explosão em explosão, o livro sai. A copy sai.

Algumas vezes, essa explosão dura minutos. Outras pode durar mais de uma hora.

Depende.

O mais importante é acostumar a nossa mente. Eu me sentei e comecei a escrever.

Levantei-me. Dei um pequeno intervalo. Voltei e estou aqui novamente.

A minha mente sabe que quando eu me sento para escrever, é o momento de escrever. Ponto.

Mas quando eu me levanto, e faço outras coisas, o meu cérebro sabe que eu estou criando, pensando, planejando e definindo.

E é isso que faz um Copywriter Nível A. Ele escreve na mente, e depois passa a limpo no papel ou no computador.

Tudo o que eu te ensinei aqui foi com o claro objetivo de te levar para o próximo nível como um copywriter.

Cada conceito, cada conselho, foi com o claro objetivo de mostrar um atalho para acelerar a sua escrita mental.
É isso o que eu acredito ser a arma mais poderosa de todas para se tornar um copywriter nível A.

Coloque em prática tudo o que eu te ensinei, e você verá a diferença já no seu próximo texto.

Eu vou deixar o link para você preencher uma aplicação e conversar com a nossa equipe sobre os nossos programas mais avançados de Copywriting.

Se você quer aprender a parte estratégia das campanhas para vender todos os dias, esse é o seu próximo passo ideal.

Então é isso.

Espero que você tenha aproveitado essa jornada. Que esse livro tenha feito você pensar e que agora, você esteja pronto para agir.

Vamos em frente

Deus te abençoe!

Natanael Oliveira